浄土からの道

―二河白道の譬えに聞く―

大江憲成

浄土からの道

―二河白道の譬えに聞く―

目次

凡　例

・本文中の真宗聖典とは、東本願寺出版発行の『真宗聖典』を指します。
・「二河白道の譬喩」の書き下しは、『真宗聖典』二一九頁〜二二〇頁（『教行信証』「信巻」所収）によります。

本書について

本書は、「二河白道《にがびゃくどう》の譬喩《ひゆ》（譬《たと》え）」といわれる譬喩が私たちに何を伝えようとしているのか、そのメッセージにふれていただくことを願い刊行したものです。

この譬喩は、中国のすぐれた仏教者であり、親鸞聖人《しんらんしょうにん》が讃《たた》えられた七高《しちこう》僧《そう》の一人である善導大師《ぜんどうだいし》（六一三―六八一年）という方がつくられたものです。

善導大師は、『浄土三部経《じょうどさんぶきょう》』、いわゆる『仏説無量寿経《ぶっせつむりょうじゅきょう》』（大経《だいきょう》）、『仏説観《かん》無量寿経《むりょうじゅきょう》』（観経《かんぎょう》）、『仏説阿弥陀経《あみだきょう》』（小経《しょうきょう》）の三つの経典を大切にされましたが、とりわけ『観経』については、『観無量寿経疏《しょ》』（観経疏《かんぎょうしょ》）という註釈書を著し、重んじられています。その『観経』には、浄土に生まれ往《ゆ》くことを願う者は、必ず三つの心を起こし、大切に保っていかなければならないと説かれています。その心とは「至誠心《しじょうしん》（まことの心）」、「深心《じんしん》（深く信ずる心）」、「回向発願《えこうほつがん》心《しん》（浄土に生まれ往きたいと願う心）」の三つで、古来より三心《さんじん》と呼ばれています。

大師は『観経疏』の中でこの三心を解釈しておられますが、三つ目の心である「回向発願心」を解釈される箇所にこの「二河白道の譬喩」は出てきます。

親鸞聖人は、この善導大師がいただかれたご解釈を大切な教えといただき、主著である『顕浄土真実教行証文類《けんじょうどしんじつきょうぎょうしょうもんるい》』（教行信証《きょうぎょうしんしょう》）に引用《いんよう》されています。生涯をかけて推敲《すいこう》し続けられた『教行信証』にこの譬喩が引用されていることを考えれば、親鸞聖人がこの譬喩をどれほど大切にされていたかをうかがい知ることができます。

では、その善導大師がつくられ、親鸞聖人が大切にされた「二河白道の譬喩」とは、どのような譬え話で、私たちに何を伝えようとしているのか。また、親鸞聖人はこの譬喩をどのように受け止められていたのでしょうか――。

本書は、そのことを視座に、多くの方々に教えの言葉に親しんでいただきたいとの願いのもと、九州大谷短期大学名誉学長である大江憲成氏に

『同朋《どうぼう》新聞』にて連載（二〇一六年九月号〜二〇一八年二月号）いただいたものに加筆いただき、書籍化したものです。

今回の書籍化にあたり、同朋の会等でも活用いただきやすいように、巻頭に「二河白道の譬喩」の全文を、また巻末に「資料編」を設け、「善導大師のご解釈（『観経疏』より）」、「親鸞聖人のご解釈（『愚禿鈔』より）」を掲載しました。

本書を繰り返しお読みいただき、「二河白道の譬喩」にふれ、譬喩が伝えんとするメッセージに一人でも多くの方が出遇《であ》っていただくことを願っております。

最後になりましたが、書籍化をご快諾いただきました大江憲成氏にあらためて厚く御礼申し上げます。

二〇一九年十月　東本願寺出版

二《に》河《が》白《びゃく》道《どう》の譬《ひ》喩《ゆ》　書き下《くだ》し

本文

（真宗聖典二一九〜二二〇頁）

また一切往《おう》生《じょう》人《にん》等《とう》に白《もう》さく、一つ今更《さら》に行《ぎょう》者《じゃ》のために、一つの譬《ひ》喩《ゆ》を説きて信心を守護して、もって外《げ》邪《じゃ》異《い》見《けん》の難《なん》を防がん。何者かこれや。譬《たと》えば、人ありて西に向かいて行《ゆ》かんと欲《ほっ》するに百千の里ならん、忽《こつ》然《ねん》として中《ちゅう》路《ろ》に二つの河あ

本書該当頁

■「また一切往生人等に〜何者かこれや。」　23頁

■「譬えば、人ありて〜百千の里ならん、」　31頁

■「忽然として中路に〜南北辺なし。」　39頁

り。一つにはこれ火の河、南にあり。二つにはこれ水の河、北にあり。二河おのおの闊《ひろ》さ百歩《ぶ》、おのおの深くして底なし、南北辺《ほとり》なし。正《まさ》しく水火《すいか》の中間《ちゅうげん》に、一つの白道《びゃくどう》あり、闊《ひろ》さ四《し》五《ご》寸許《すんばかり》なるべし。この道、東の岸より西の岸に至るに、また長さ百歩、その水の波浪《はろう》交わり過ぎて道を湿《うるお》す、その火焔《かえん》また来《きた》りて道を焼

■

「正しく水火の中間に～
また長さ百歩、」
47頁

■

「その水の波浪交わり～
休息なけん。」
55頁

く。水火あい交わりて常にして休息《くそく》なけん。この人すでに空曠《くうこう》の迥《はるか》なる処《ところ》に至るに、さらに人物《にんもつ》なし。多く群賊悪獣《ぐんぞくあくじゅう》ありて、この人の単独なるを見て、競《きそ》い来《きた》りてこの人を殺さんと欲《ほっ》す。死を怖《おそ》れて直《ただ》ちに走りて西に向かうに、忽然《こつねん》としてこの大河《たいが》を見て、すなわち自ら念言《ねんごん》すらく、「この河、南北辺畔《へんぱん》を見ず、中間に

■「この人すでに～さらに人物なし。」 63頁

■「多く群賊悪獣ありて～西に向かうに、」 71頁

■「死を畏れて直ちに～自ら念言すらく、」 79頁

■「「この河、南北～死せんこと疑わず。」」 87頁

一つの白道《びゃくどう》を見る、きわめてこれ狭少《きょうしょう》なり。二つの岸、あい去ること近《ちか》しといえども、何に由《よ》ってか行くべき。今日《きょう》定《さだ》んで死せんこと疑わず。正《まさ》しく到《いた》り回《かえ》らんと欲《ほっ》すれば、群賊悪獣《ぐんぞくあくじゅう》漸漸《ぜんぜん》に来《きた》り逼《せ》む。正《まさ》しく南北に避《さ》り走らんと欲すれば、悪獣毒虫《あくじゅうどくちゅう》競い来りて我に向かう。正《まさ》しく西に向かいて道を尋《たず》ねて去《ゆ》かんと欲すれ

■
「正しく到り回らん～堕せんことを。」　95頁

ば、また恐《おそ》らくはこの水火の二河に堕《だ》せんことを。」時に当たりて惶怖《こうふ》すること、また言うべからず。すなわち自ら思念《しねん》すらく、「我《われ》今回《かえ》らばまた死せん、住《とど》まらばまた死せん、去《ゆ》かばまた死せん。一種として死を勉《まぬか》れざれば、我寧《やす》くこの道を尋《たず》ねて前《さき》に向こうて去《ゆ》かん。すでにこの道あり。必ず度《ど》すべし」と。この念を

■「時に当たりて〜
必ず度すべし」と。」
103頁

■「この念を作す時〜
すなわち死せん」と。」
111頁

作《な》す時、東の岸にたちまちに人の勧《すす》むる声を聞く。「仁者《きみ》ただ決定《けつじょう》してこの道を尋《たず》ねて行《ゆ》け、必ず死の難なけん。もし住《とど》まらばすなわち死せん」と。また西の岸の上に人ありて喚《よば》うて言わく、「汝《なんじ》一心に正念《しょうねん》にして直《ただ》ちに来《きた》れ、我よく汝《なんじ》を護《まも》らん。すべて水火の難に堕《だ》せんことを畏《おそ》れざれ」と。この人すでに此《ここ》に遣《つか》わし

■「また西の岸の上に〜畏れざれ」と。」

119頁

■「この人すでに〜退心を生ぜずして、」

127頁

彼《かしこ》に喚《よば》うを聞きて、すなわち自ら正《まさ》しく心身に当たりて、決定《けつじょう》して道を尋《たず》ねて直ちに進みて、疑《ぎ》怯《こう》退《たい》心《しん》を生ぜずして、あるいは行くこと一分《いちぶん》二《に》分《ぶん》するに、東の岸の群賊《ぐんぞく》等《ら》喚《よば》うて言わく、「仁者《きみ》回《かえ》り来《きた》れ。この道嶮《けん》悪《あく》なり。過《す》ぐることを得じ。必ず死せんこと疑わず。我等《われら》すべて悪心あってあい向《むか》うことなし」と。この人、

■

「あるいは行くこと〜
向うことなし」と。」

135頁

■

「この人、喚う声を〜
これはこれ喩なり。」

143頁

喚《よば》う声を聞くといえどもまた回顧《かえりみ》ず。一心に直ちに進みて道を念じて行けば、須臾《しゅゆ》にすなわち西の岸に到《いた》りて永く諸《しょ》難《なん》を離《はな》る。善友《ぜんぬ》あい見て慶楽《きょうらく》すること已《や》むことなからんがごとし。これはこれ喩《たとえ》なり。

はじめに

譬喩《ひゆ》とは何か

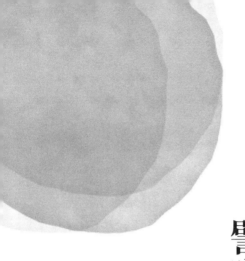

その昔、ある学生の訴《うった》えに出会ったことがあります。九州大谷短期大学では毎週、学生の相談日が設けられていました。どの学科の学生でも相談したい教員を選んで相談に行くことのできる時間です。オフィスアワーといいます。

彼は私の部屋に入ってくるなり、ぶっきらぼうに突っ立ったままで語り始めました。私は彼をソファーに座るように勧めて、話を聞き続けました。だいぶ長く聞いていたのですが、要するに彼の訴えたかったことは次のようなことでした。

「つながらないのです」。

「消え入りそうなのです」。

「どうせ何も無いんでしょ」。

そして、しばらく話して彼は、「もう、どうでもいいんです」と言って立ち去って行こうとしました。

これは彼に限らず、私たちはみんな、この問題をずっと抱えて生きており、そして生きあぐねています。行き詰《づ》まりなのです。

就職が決まらなかったり、病気で入院してなかなか仕事に復帰できなかったり、ここに身を置いていること自体がイヤでたまらなかったり…です。

これらの行き詰まりは、人間に生まれた限り誰もが突き当たっていく壁です。

私たちはその壁の前で一人たたずみ、やたらとぶつかっては自暴自棄《じぼうじき》になり、最後にはこの大切な人生をあきらめて締《し》めくくろうとします。「どうせ、こんなもんだ」と。ところが、その壁を、乗り越えるべき人生の大切な課題であると受け止め、乗り越えて生き切ることのできた方々がおられたのです。

その方々を「諸仏《しょぶつ》」と申します。人間の歴史に現れてくださった数々の仏さまです。お釈迦《しゃか》さまや親鸞聖人《しんらんしょうにん》もそのお一人です。

彼らは、出会わざるを得ない人生の壁をつくづく経験され、それにつぶされずにさらに乗り越える道を見《み》いだした方々です。「道の人」と呼ぶこともできるでしょう。さらに、道を見いだしただけではなく、道があることを周りに、あるいは後に生まれてくる人びとに伝えてくださったのです。

現在も、諸仏は「道ここにあり」と、今の私たちに道のありかを語りかけてやみません。

これからみなさんと尋ねていく「二河白道《にがびゃくどう》」は、そのような諸仏からのメッセージなのです。

私たちは日ごろ世間《せけん》の考えにドップリと浸《つ》かって生きています。自分自身で考えているように思っていますが、実は世間の考えで考えてしまって、行き詰まっているのです。

一方、諸仏の語りかけてくださるメッセージは、譬喩《ひゆ》という形式をとることによって、世間の考えよりも遙《はる》かに深く、私たちの本当の姿、生きるべき方向、出会うべき世界を教えてくださっていると申せましょう。

これから、「二河白道」をいただいてまいります。その中で、私たちの歩むべき道が私たち一人ひとりのところで見いだされたならば、まことに有り難いことです。

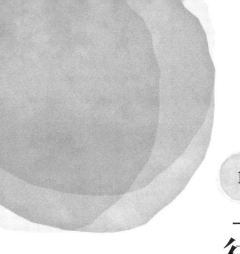

1

「往生人《おうじょうにん》」とは誰のこと？

「二河白道《にがびゃくどう》」書き下《くだ》し（真宗聖典二一九頁）

一切往生人等《いっさいおうじょうにんとう》に白《もう》さく、今更《さら》に行者《ぎょうじゃ》のために、一つの譬喩《ひゆ》を説きて信心《しんじん》を守護《しゅご》して、もって外邪異見《げじゃいけん》の難《なん》を防がん。何者かこれや。

意訳

浄土へ往生《おうじょう》しようと願っているすべての人びとに申し上げる。今あらためて、仏道《ぶつどう》を歩まんとする人のために、一つの譬喩を説いて、信心をまもり、いろいろな非難《ひなん》や疑念《ぎねん》を防ごうと思う。それはどのような譬喩かというと…

「オーイ」、呼びかけても誰も応《こた》えてくれない。孤独だ。自分は自分なりに努力してきたのに、どうしてなのだろう。

家族のことも心配だ。仕事も思いどおりに運ばない。悪いことをしてきたわけでもないのに、なぜだ。運命を呪ってしまいたくもなる。

キョロキョロとあちこち見回しても出口が見えてこない。ちょうど濃霧の中、山道に迷い込んで、進めば進むほどますます枝道《えだみち》に迷い込んでしまうように、先が見えない。不安だ。

このような私に出口はあるのでしょうか…。

そこで、この「二河白道」は、最初から善導大師《ぜんどうだいし》ご自身の呼びかけで始まります。「一切往生人等《いっさいおうじょうにんとう》に白《もう》さく」（浄土へ往生しようと願っているすべての人びとに申し上げる）。

これは、善導大師の個人的な思いに基づくものではありません。背景には過去、現在そして未来に活動してくださっている、限りない名もなき多くの念仏者の願いがあり、それにうながされての呼びかけとも申せましょう。

では、この呼びかけは誰に対してなのでしょうか。特定の個人に対してではなく「一切往生人」に対してであります。

今ここにいう「往生人」とは、阿弥陀さまのお浄土に生まれていく人のことです。

もちろん往生とは、阿弥陀さまの智慧《ちえ》の光に照らされて生きていくことであり、その歩みにおいて出口なき私たちに生きるべき未来が、今に向かって開かれてくるのであります。その意味を表すために、お内仏《ないぶつ》のお障子《しょうじ》も向こう側からこちら側へと開かれているのです。

では、善導大師はどういう願いがあって「一切往生人等に白さく」と呼びかけておられるのでしょうか。

それは、すべての人間はいかようであれ、等しく往生人なのだという呼びかけなのです。

つらい現実に生きている人も幸せな世界に胸躍らせる人も、子どもも親も、老いも若きも皆共《とも》に往生人なのであります。

日頃、私たちにはその自覚があるとは限りません。死んだらおしまいだと思ったり、いずれ真っ暗なところに落ちていくと考えて意気消沈します。期待はするものの出口があるなどとは思ってもいません。しかし、自覚のあるなしにかかわらず、私たちは往生人、つまり阿弥陀さまのお浄土に生まれていく存在なのであり、お浄土に生まれずにはおれない祈りにも似たものを奥底に抱《かか》えている存在なのです。どうかその身に気づいてください。

このように諸仏は私たちに語りかけてやみません。

私たちは、その呼びかけに呼び覚まされて往生の道があることを知らされ、その道を生きる身となるのでありま す。

悩みや悲しみは尽きません。しかしその中で、諸仏の呼びかけに出遇《であ》うことこそがわが身を丁寧に生きる根本なのです。

次回から「譬喩」の内容に入ります。人生において何が本当に大切なのか。いつの世も混乱して受け止められています。あらためてその本来の意義を回復したいと思います。

2

今、私たちは
どこに向かっているのか？

「二河白道《にがびゃくどう》」書き下《くだ》し（真宗聖典二一九頁）

譬《たと》えば、人ありて西に向かいて行《ゆ》かんと欲《ほっ》するに百千の里《り》ならん、…

意訳

たとえば、人あって西に向かって歩もうと思った時、その道のりは途方もなく遠く感じられた。

ある時、久しぶりに会った知人に「あなたは少しも変わっていないですね。お若い」と言われてうれしくなってしまいました。彼とは十数年ぶりの再会ですから、「少しも変わっていない」どころか、実は大変な変わりようです。変わらなかったら、おそらく化け物でしょう。

しかし、私たちは日ごろ誰しも、一分一秒でも健康で長生きし、またできるだけ若くありたいと願っています。そのためにいかなる努力も惜しみません。老病死《ろうびょうし》を少しでも遠ざけることに私たちはひたすら努力しているのです。

ところが、そのような私たちに向かって譬喩が語られ、気づかなくてはならない大切なことが明らかにされてまいります。

まず「人ありて西に向かいて行かんと欲するに」とあります。

「人ありて」から始まるのです。それまで人はいなかったのでしょうか。もちろんいなかったわけではありません。私たちは生まれてからずっと、自分を人間だと当たり前に思って生きてきたのですから…。

しかし、この譬喩はまず「人」から出発します。「人ありて西に向かいて行かんと欲するに」と語りかけてくださいます。これはこれまで考えていた人についての定義ではありません。

ここで「人ありて」とは、日ごろ当たり前に生きていた人がその生きていることを当たり前で済ますことができずに、初めて問いをもつ身になった人のことを指しています。

人生こんなもんだ、当たり前だ、つながらない、消え入りそう、何もない、もうどうでもいい…と結論づけて生きていた人が、その生き方の虚《むな》しさに気づいて、そのように結論づけて終わろうとするわが身自身を問い直す歩みが始まったのです。

それが「西に向かいて行かんと欲する」歩みであります。

ここで「西」とは、「西方浄土《さいほうじょうど》」と言われているように、人である限り求めて止《や》まない帰る所、魂の故郷《ふるさと》、阿弥陀さまのお浄土であります。

しかも「西に向かいて行かんと欲する」とあります。「欲する」とは、実はずっと望んでいたのに少しも気づいていなかった願いが自分の奥底にはたらいていたということです。

「帰りたい！」

私たちは、思いがけずも、ずっとずっと故郷を尋ね続けて生きていたのです。

生まれてきたのも、生きて老いていくのも、病気をするのも、そして死を迎えるのも、すべて帰る所を尋ねているいのちの歩みと言えないでしょうか。

しかし、その歩みに立つとき、その人の前には「百千の里ならん」と譬《たと》えられるように、あてどなく、果てしない未来がどこまでも広がっていたのです。

「私の帰るところは、どこ？」

いつも決め込んではかりいるわが身。そのわが身の抱《かか》える罪業《ざいごう》の根深さにいかんともできず、しかもなお、永遠に光を求めてさ迷うわが身が、そこに感じ取られてきたのです。

「どこに帰ればいいの？」

ではその人にとって、どこに帰るべき故郷が、歩むべき確かな道があるのでしょうか。次回に続きます。

3

私の歩みをさえぎるものは？

「二河白道《にがびゃくどう》」書き下《くだ》し（真宗聖典 二一九頁）

忽然《こつねん》として中路《ちゅうろ》に二つの河《かわ》あり。一つにはこれ火の河、南にあり。二つにはこれ水の河、北にあり。二河おのおの闊《ひろ》さ百歩《ぶ》、おのおの深くして底なし、南北辺《ほとり》なし。

意訳

ふと気がつくと突然、行く手に二つの河があらわれた。その一つは火の河で南にある。もう一つは、水の河で北にある。二つの河はそれぞれ向こう岸まで百歩で、深くて底を知ることができない。さらに南北に果てしなく広がっていた。

「帰りたい！」

「私の帰るところは、どこ？」

私の前には、果てしなく、あてどない虚空《こくう》が広がっているばかりでした。それを前に、ちっぽけな私が生きあぐねていました。どう生きていけばいいのでしょうか。わからなかったのです。

しかし、とにかく、生まれたからには生きるしかありません。

生きることにしました。

すると、行く手に二つの河が立ち現れてきたのです。

一つは火の河で南にあって、もう一つは水の河で北にあったのです。

この二つの河が、私の行く手をさえぎっていたのです。それは「忽然《こつねん》」（突然）のことでありました。私の行く手をさえぎるものがあるなんて思ってもみなかったからです。

一つは、火の河。

私たちは自分の幸せばかりを求めて言い争いが絶えません。みんなが当然のこととして正義を振りまわし、家庭の中から世界の果てまで争いばかりです。

誰もわかっちゃいない。誰もわかってくれない。どうしてわからないの。もう少しわかってくれたらいいのに…。

みんな一日中、独り言を言い続けています。ブツブツと言い続けてばかりで落ち着くこともありません。そして、その思いはやたらと燃えたぎります。怒《いか》りの河です。もう一つは、水の河。

人生、健康で長生き。そして思いの限り楽しく生きていけばそれでいい。欲望を追い求めることこそが生きがい。それが当然。その生き方を疑ったこともなかったのです。

しかし、そう思うのもつかの間。幸せを求めても、どういうわけか不安に襲われるのでした。思いどおりに生きればいいと思っていたのですが、言い知れぬこの不安は一体何なのでしょうか。

水の河が立ちふさがって行く手をさえぎり、足下に激しく打ち寄せているのです。

この火の河、水の河の正体は何なのでしょうか…。

さらに、この二つの河は「おのおの深くして底なし」といわれています。のぞき込めば限りなく深くて底がありません。ポッカリと空いた底なしの深い淵《ふち》なのです。

人間はお互いに愛し合い求め合い、愛するがゆえに憎しみ合い、人間の抱《かか》える闇の深さは、いやが上にも孤独を募《つの》らせます。

「南北辺《ほとり》なし」。

自らの歩みを妨《さまた》げる二つの河は、南北にわたって果てしなく広がり、どこまでもわが身に襲いかかってきます。

「二河おのおの闊《ひろ》さ百歩《ぶ》」。

しかも、二つの河の河幅《かわはば》はそれぞれ百歩あるのです。

親鸞聖人は「百歩とは、人寿《にんじゅ》百歳に譬《たと》うるなり」（真宗聖典四五三頁）と受け止めておられます。人寿とは人間の寿命、百歳とは一生涯。つまり人間の一生涯は、二河を離れてなく、この二河そのものなのだと教えてくださっていま す。

底をのぞき込めば底なしの暗闇、周りを見渡せば遙か彼方から襲いかかってくる二つの河。

不安と疑い。それが容赦《ようしゃ》なく襲いかかってくるのでした。

それは、一生涯のことであります。では、私たちの未来は出口なき絶望なのでしょうか。

次回に続きます。

4

私の歩むべき道は？

「二河白道《にがびゃくどう》」書き下《くだ》し（真宗聖典二一九頁）

正《まさ》しく水火《すいか》の中間《ちゅうげん》に、一つの白道《びゃくどう》あり、闊《ひろ》さ四五寸許《しごすんばかり》なるべし。この道、東の岸より西の岸に至るに、また長さ百歩《ぶ》、…

意訳

その水と火が交わるちょうど真ん中に、一つの白い道がある。その幅は、四、五寸ばかりであろうか。この道は、東の岸から西の岸に至るまで、その長さは百歩。

水の河は激しく足下《もと》に打ち寄せ、火の河は炎となって行く手をさえぎっています。

私たちは不安の中で立ち尽くしてしまいます。どこに向かって生きていけばいいのか、生きる道がわからないのです。

ところが、そのような私たちにこの二河白道の譬喩は、「正《まさ》しく水火《すいか》の中間《ちゅうげん》に一つの白道《びゃくどう》あり」と語りかけてくださっているのです。探しあぐねていた道は確かにあるというのです。しかも、実は行く手を妨《さまた》げている二つの河の「中間に」、つまりその真っただ中に「白道」として道は開かれてあるのだと教えてくださっています。

二つの河を離れて別に道があるのではなかったのです。その道は白道、白い道。そして「闊《ひろ》さ四五寸許《しごすんばかり》」です。水火二河という限りない激しい広がりに比べれば、白道はわずか四五寸、つまりまことに微《かす》かなものにしか思えません。

一方、その「白道四五寸」について、親鸞聖人は「「四五寸《しごすん》」と言うは、衆生《しゅじょう》の四大《しだい》・五陰《ごおん》に喩《たと》うるなり」（真宗聖典二三五頁）と受け止めておられます。四大とは人間の身（肉体）を構成する要素であり、五陰とは人間の物質（肉体）と心（精神）を構成する要素であります。つまり四大五陰とは人間の身心《しんしん》を意味するのです。

したがって「白道四五寸」とは、白道は私たちにとっては微かなものにしか見えないのですが、実は人間の身心の全体に深く関わって開かれている道であるという意味であります。

人間の身心の全体……。

人間は永遠の昔から織りなす業縁《ごうえん》の積み重ねで生きています。気づこうが気づくまいが、体験の集積が身心であり、それを基にあれこれと物事を考えているのです。そのために、私たちはこれまでの体験に染められ、縛られて生きているのです。

この「白道四五寸」とは、人間を束縛《そくばく》している身心そのものにはたらきかけ、かたくなさを開いてくださる道であります。

「白」は「浄業《じょうごう》」で清浄《しょうじょう》を意味し、一方「黒」は人間を束縛する煩悩を意味しています。

歩むべき道は、煩悩を基礎にしている人間の体験をいかに延長しても開かれてまいりません。逆に体験を超えた彼方よりの道、つまりただ一つの「白道」としてこの身に開かれてくるのです。

さらに、その白道は「東の岸より西の岸に至るに、また長さ百歩」とあります。百歩とは人間の一生涯を意味していますので、一生涯そのものに、東岸《とうがん》から西岸《さいがん》に至る道を歩むという意義があることを教えてくださっているのです。

これは、ただ虚《むな》しく生存を繰り返して終わるだけだと思っていた私たちにとって思いもよらないことでありま す。

人間の一生涯には白道を歩む道という意義があったのです。

そこに、水火の二河と唯一の白道とが自分自身の生涯の大切な内実として現れてきたのです。

私たちは生涯束縛の苦しみに悩みます。しかし同時にその一生涯がお育てであります。悩みあればこそであります。そこに生きることの深さや豊かさが開かれてくると教えられるのです。

5

歩むべき道が見えない

「二河白道《にがびゃくどう》」書き下《くだ》し（真宗聖典 二一九頁）

その水の波浪《はろう》交わり過ぎて道を湿《うるお》す、その火焔《かえん》また来《きた》りて道を焼く。水火《すいか》あい交わりて常にして休息《くそく》なけん。

意訳

水の河の波浪がしぶきを上げて道を湿《しめ》らせている。また火の河の火焔が燃えあがって来ては、道を焼いている。水はうち寄せ、火は焼いて、いつまでもとどまることがない。

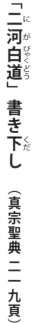

白道《びゃくどう》とは水火二河《すいかにが》の真っただ中に開かれてくる道であり、私たちが生涯をかけて歩ませていただく道であったのです。

ところが、歩むべき道があったとなると、普通の考えでは、水火二河は、もはやなくなってしまったかのように思われてまいります。しかし、そうではないのです。白道を歩むことは、実は水火二河を生活の中で、生涯をかけてずっと受け止め、引き受けて生きることなのです。

そこに一生涯を尽くして生きるという大切な意義があります。

水火の二河は決してなくなりはしないのです。

では、この水火二河とは何を語っており、その正体は何なのでしょうか。

本文では、水の河は「その水の波浪《はろう》交わり過ぎて道を湿《うるお》す」と表現されています。これを受けて善導大師《ぜんどうだいし》は「愛心《あいしん》常に起こりてよく善心《ぜんしん》を染汚《ぜんわ》するに喩《たと》うるなり」（真宗聖典二二〇頁）、つまり愛心がいつも起こって善心を汚染《おせん》していることの譬喩《ひゆ》なのだと教えてくださっています。

ここで愛心とは貪欲《とんよく》であり貪《むさぼ》りを意味します。あらゆるものに執着《しゅうじゃく》して、自分の所有にしたいと貪る心であります。どこまでも自分の所有にすることで自分の生きた証明にしたいのが私たちなのでありましょう。

その貪りの心が常に起こって善心を汚《よご》しているというのです。

では善心とは何でしょうか。

困っている人に親切にしてあげるのも、独りぼっちでいる人に声をかけてあげるのも善い心でしょう。しかし、ここで善心とは道心《どうしん》、つまり自己を問い仏道に生きようとする心なのです。

ところがその道心が貪りによって汚されてしまうのです。

つまり、私たちは常に貪りを生きており、したがって悲しいかな、我が思いが満たされればそれでいいのです。このようにしか生きようのないわが身を痛み、問うこと、つまり道心《どうしん》など起こりようもありません。

一方、火の河。「火焰《かえん》また来りて道を焼く」。メラメラと炎がいつも道を焼き焦《こ》がしている。善導大師は、この譬喩を「瞋嫌《しんけん》の心よく功徳《くどく》の法財《ほうざい》を焼くに喩《たと》うるなり」（真宗聖典二二一頁）と教えられます。瞋嫌の心とは、怒り拒絶する心であります。

功徳の法財とは仏さまに具《そな》わっていて私たちをどこまでも育ててくださる宝物であります。

その宝物は、私たちの周りに限りなく存在しているのですが、私たちの内面にある怒り拒絶する心がそれを焼き尽くして無意味にしてしまうのです。

このように、私たちが道を尋ねようとしても、尋ねようとする心が日常の中に埋もれてしまっていて道が見《み》いだせません。

歩むべき道がないわけでもなく、尋ねずにはおれない心を失っているわけでもありません。

なのに、なぜなのでしょう。

実は、貪《むさぼ》りこそが道を求める心、道心《どうしん》を覆い隠し、怒《いか》りこそが生きるべき道のありかをかき消しているのです。

出口なき人生の根本原因は、そこにあります。そのため、歩むべき道が見えてこないのです。
さて、次回からは、具体的に物語が展開されてまいります。

6

誰と出会うのか

「二河《にが》白道《びゃくどう》」書き下《くだ》し（真宗聖典二一九頁）

この人すでに空曠《くうこう》の迥《はるか》なる処《ところ》に至るに、さらに人物《にんもつ》なし。

意訳

この人はこれまでに、果てしない荒野を一人歩いてきたのだが、
どこを見まわしても、どこにも人影はない。

この二河の譬喩《ひゆ》は「人ありて西に向かいて行《ゆ》かんと欲《ほっ》するに」という文章から始まりました。

ここで「人ありて」とは、境遇に投げ出されて生まれてきて、世間の考えにしたがってかろうじて生きている私たちです。さらに火の河と水の河、怒りと貪《むさぼ》りの心とが渦巻く中で、不安はつきません。

しかし、この人生の不安は、一方では歩むべき道を尋ねよという内面からのうながしでもあったのです。白道《びゃくどう》の意味はそこにありました。

人はそのうながしにしたがって生きるべき道を尋ねようとします。ところが、今、「この人すでに空曠《くうこう》の迥《はるか》なる処《ところ》に至るに、さらに人物《にんもつ》なし」と語りかけてくるのです。

ここで「この人」とは、自分自身の一生涯がはじめて問いとなってきた人のことです。

〝人生は結局健康で長生きが一番、死んだらおしまいなんだから楽しく生きていこう〟。私たちはこのように、人生に答えを出して生きていこうとします。

しかし、そう言いつつもそれですませてしまうことはできません。答えを出すのですが出した答えに不思議と納得できずに、不安なのです。

そこで答えに生きていた生き方が、あらためて問いとなって「この人」に迫ってまいります。

答えに生きていた者が、問いに生きる人間になったのです。人生の方向転換です。

答えを出して「どうせ」と言って自分を諦《あきら》めていこうとした者が、問いをもち積極的に尋ねる人間に生まれ変わったのです。

ところが驚いたことには、「この人」は「すでに空曠の迥なる処に至るに」と説かれます。問い始めてみると、その問いの前に世界はどこまでも果てしなく広がり、そこには「人物なし」、人がいないというのです。これは「無《む》人《にん》空迥《くぎょう》の沢《さわ》」といわれ、見渡してもどこにも人がおらず、沢が果てしなく広がっているばかり、無人の荒野であります。

善導大師は「「無人空迥の沢」というは、すなわち常に悪友《あくう》に随《したが》いて、真《しん》の善知識《ぜんじしき》に値《あ》わざるに喩《たと》うるなり」（真宗聖典二二〇頁）と明らかにされます。

人がいなくて独りぼっちなのではありません。大勢いるのですが、実は悪友ばかりにしたがっていて本当の善知識、師に出値《であ》ったこともないという意味です。

仏陀釈尊《ぶつだしゃくそん》は、世間の考えに染まって生きている者は、自分がどこに向かって生きているのか、どこに歩むべき道があるのか、問うこともなく、また語り合う友とていない。ただ自分の幸せを求め、わざわいを避けることに競い合っているだけで、「一《ひとり》も怪《あや》しむもののなきなり」、そのあり方に問いをもっている者は一人もいない、と御説《ごせっ》法《ぽう》されています（真宗聖典六一頁、取意）。

周りには多くの人びとがいるのですが、世間の考えに染まって答えに生きて問いを共にできないのです。その限り、友も悪友、師も悪知識《あくちしき》であり、実はだれ一人、人がいない、「無人」なのです。

道に生きることの大切さを教えてくださる「よき師」、共に道を尋ねようとする「よき友」は一体どこにいるのでしょうか。

7

私を殺そうとする者

「二河白道《にがびゃくどう》」書き下《くだ》し（真宗聖典二一九頁）

多く群賊悪獣《ぐんぞくあくじゅう》ありて、この人の単独なるを見て、競《きそ》い来《きた》りてこの人を殺さんと欲《ほっ》す。死を怖《おそ》れて直《ただ》ちに走りて西に向かうに、…

意訳

群れをなした多くの賊《ぞく》、悪い獣《けもの》がおり、この賊や獣が、ただ一人でいるこの人を見て、競って迫り来て、この人を殺そうとするのであった。

内面のうながしにしたがって水火《すいか》二河をかえりみず白道を歩み始めようとする人、その人の周りには多くの人がいるのですが、道を歩もうとする人はどこにも見当たりません。人がいないのです。

ところが思いもかけず、今度は道を求めようとする人からその心を奪おうとするものが押し寄せてきます。

それは、群賊悪獣《ぐんぞくあくじゅう》です。

譬喩は語り続けます。

「多く群賊悪獣ありて、この人の単独なるを見て、競《きそ》い来《きた》りてこの人を殺さんと欲す」。

ここで、「多く」とは一般大衆という世間の圧倒的な数。

「群賊」とは群れとなって大切なものを奪って破壊するもの。「悪獣」とは存在を食いちぎる恐ろしい野獣《やじゅう》を意味しています。

「この人」とは白道《びゃくどう》を歩もうとしている人のことです。

多くの群賊悪獣は、この人が単独であることを知り、競いあってやって来て、その人を殺そうとします。

ここで「単独なる」とは単にすべての人びとと関係が断たれてひとりぼっち、孤立しているという意味ではありません。

これは前回ふれたように、この人のほかに周りを見渡しても道を求める人がいないということです。

道を求めるということは、閉ざされた世間の考えに逆らって、その世間を問いとして生きるということです。まことに、世間の固定観念に疑念を抱き問いに生きようとする者は、単独者といえましょう。

さらに群賊悪獣は「競い来りて」、つまり圧倒的な力でこの単独者に襲いかかってくるのであります。

世間の考えや価値は世の常識でありますので、大変な力で迫ってまいります。

私たちは日ごろ、それは外からの力だと思ってしまいます。周りが自分自身に襲いかかってくると考えてしまいます。

ところが善導大師はこの群賊悪獣の喩《たと》えについて、私たちにとっては思いもしないことを指摘されるのです。

「「群賊悪獣詐《いつわ》り親《した》しむ」というは、すなわち衆生《しゅじょう》の六根《ろっこん》・六識《ろくしき》・六塵《ろくじん》・五陰《ごおん》・四大《しだい》に喩《たと》うるなり」（真宗聖典二二〇頁）。

ここで、「六根・六識・六塵・五陰・四大」とは、さまざまな要素で成り立っている私たちの身心《しんしん》と環境を意味します。

では、その身心と環境が「詐り親む」とは、一体どういうことなのでしょうか。

身心は心地よい幸せを感じることをよしとし、心地よい幸せな環境を求めます。

すると、心地よい幸せなるものが、私たちを誘惑し、おべっかを言い愛想笑《あいそわら》いをしながら近づいてまいります。健康でお金がありさえすれば最高、といつの間にか思ってしまっているのです。人間はそれにめっぽう弱いのです。だから詐り親しむ群賊悪獣の誘惑には、まことに鈍感であります。

したがって、その虜《とりこ》になって真《しん》に問うべきことが問われないままに覆い隠されてしまいます。人間として考えなくてはならないことを考えないままに済ませてしまうのです。

群賊悪獣が「この人を殺さんと欲す」とありますが、

もちろん肉体を殺傷することではありません。私たちに襲いかかって私の道を求める心を奪うのです。人間として尋ねなくてはならない問いを捨てるようにと求めるのです。

驚いたことに群賊悪獣は、実は私たち自身の内にあったのです。

8

死を怖《おそ》れて

「二河白道《にがびゃくどう》」書き下《くだ》し（真宗聖典二一九頁）

死を怖《おそ》れて直《ただ》ちに走りて西に向かうに、忽然《こつねん》としてこの大河《たいが》を見て、すなわち自ら念言《ねんごん》すらく、…

意訳

この人が、死を怖れて、ただちに西に向かって走り出した時、突然、水と火の大河に突き当たった。その時この人は、心の中で自らこのように思うのであった…

生と死。私たちはこの世に生を受け、あれこれと悩み悲しみ、悪戦苦闘のすえに疲れはてて亡くなってしまいます。

その生の事実を前にして、生まれてきたものは必ず死んでいかねばならないと、人の世の無常を思います。

この譬喩《ひゆ》では、群賊悪獣《ぐんぞくあくじゅう》が「この人の単独なるを見て、競《きそ》い来《きた》りてこの人を殺さんと欲す」とあります。

さらに、群賊悪獣に襲いかかられたこの人は「死を怖れて直ちに走りて西に向かうに」と続きます。

では、ここで「死を怖れて」という「死」とは何でしょうか。

一つは人間の肉体の死であります。人は生まれてきたからには死ななくてはなりません。それが生死無常《しょうじむじょう》であり、誰一人として免《まぬが》れることのできない、理《ことわり》、道理《どうり》なのです。

しかし他人の死ならともかく、他ならぬこの自分の死は、いくら道理だと諭《さと》されても納得できるものではありません。

一生涯が悪戦苦闘の連続であり、その結果このまま一生を終えるのかと思うと納得できないのです。

さらにまた、人である限り、この納得できない自分の死という事実を前にして、はたしてわが人生にいかなる意義があるのだろうかと尋ねずにはおれません。

人は自分の置かれた境遇がいかようであれ、意義ある苦悩には耐えることはできますが、無意義な苦悩には耐えることができないからです。

実は、人間は生きる意義を尋ねずにはおれない存在なのです。

それが「道心《どうしん》」であり「求道心」とも申します。

これこそが人間の人間たるゆえんであります。

ところがここで、先の肉体の死のみならず、第二の死がさらにこの人を襲ってまいります。

それは「道心」の死であります。「求道心」の放棄《ほうき》であります。

人間は誰しも自分自身の死に対面すると自身の生きる意義を尋ねずにはおれないのですが、その尋ねる心、問う心が世間の考えに飲み込まれて覆い隠されてしまうのです。

「求道心」を覆う世間の考えが前述の群賊悪獣であります。

群賊悪獣がその人の求道心を覆ってしまい、生きることの意義を不問にしてしまうのです。

「生きている間は健康で長生き、そしてお金。死ねば何も無い。自らを問う必要はない。わかり切ったことだ」と。

ここに、肉体の死と求道心の放棄という二重の危機が襲ってまいります。そしてその人を出口のない闇に閉じ込めるのです。

それこそが実は抜き差しならない「死」なのであります。その死から生き返るために、旅人は〝直ちに西に向かおう〟とします。西とは阿弥陀《あみだ》さまのお浄土《じょうど》、西方極楽《さいほうごくらく》浄土です。

ところが、そこで「忽然《こつねん》としてこの大河を見て」とあります。予想もしなかったものに出会うのです。それが「大河」なのです。

西に向かおうとすればするほど、自分を妨《さまた》げている火の河《かわ》（瞋恚《しんに》・いかり）と水の河（貪欲《とんよく》・むさぼり）が、今まで以上に「大河」となって激しく襲いかかってくるのでした。旅人はその事実に真向かいます。そして呆然《ぼうぜん》として立ち尽くす中で、心の中でつぶやくのでした――。

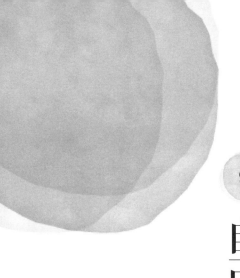

9

自《じ》己《こ》と出《で》遇《あ》って

「二河白道《にがびゃくどう》」書き下《くだ》し（真宗聖典二一九頁）

「この河、南北辺畔《へんぱん》を見ず、中間《ちゅうげん》に一つの白道《びゃくどう》を見る、きわめてこれ狭少《きょうしょう》なり。二つの岸、あい去ること近《ちか》しといえども、何に由《よ》ってか行くべき。今日《きょう》定《さだ》んで死せんこと疑わず。

意訳

「この水の河、火の河は、南北に終わりが見えないほど果てしなく続いている。真ん中に一つの白い道が見えるけれども、極めて狭い道である。一方東西の岸は各々離れているわけではないが、どのようにしたら歩みを進めることができるのであろうか。今日、私は疑いようもなく死ぬよりほかにない。

貪《むさぼ》りと瞋《いか》りの二河を前に旅人はあらためて我が身に真向かいます。すると「この河、南北辺畔《へんぱん》を見ず」、この二河はちっぽけではなく、実は、南北にどこまでも果てしなく広がる大河であることに気づかされてきます。

二河は大河であったのです。

我が身を縛《しば》っている煩悩《ぼんのう》は我が身の一部といった軽いものではなく、実は我が身全体そのものであり、根深きもの、重いものであったのです。

たとえば、大切な幼子《おさなご》ですら無意識に「我が子」として自分の所有にし、私の思いどおりにならなければ、「こんな子どもは私の子どもではありません」と思わず瞋《いか》りの心を起こします。貪《むさぼ》りは瞋りを誘発するのです。どういうわけか、そうなっていくのです。消してしまうことなどできようもありません。それが悲しいかな、我が身の事実であります。

ところが、「(その大河の)中間《ちゅうげん》に一つの白道《びゃくどう》を見る、きわめてこれ狭少《きょうしょう》なり」とあります。

旅人はその大河の真った只中に一つの白道があることにあらためて気づきます。しかも煩悩《ぼんのう》の二河の激しさに圧倒されて道幅は狭く微《かす》かであります。

善導大師《ぜんどうだいし》はその白道を、「「中間の白道四五寸《しごすん》」というは、すなわち衆生《しゅじょう》の貪瞋煩悩《とんじんぼんのう》の中に、よく清浄願往生《しょうじょうがんおうじょう》の心を生《しょう》ぜしむるに喩《たと》うるなり」（真宗聖典二二〇頁）と押さえます。白道は、道幅が四五寸ほどで狭く微かにしか感じられないのですが、私たちの生存の奥底、渦巻く煩悩の真っただ中にはたらいていて、清浄な、つまり、どこまでも開かれた、願《がん》に生きんとする心を生み出していたのです。久《く》遠《おん》の昔から私たちを育ててくださってきた、ただ一つの白い道。悲しみの向こう側から、今日この身に呼びかけてくださってきた道なのでした。

実はこの白い道こそが〝東西の二つの岸〟をつなぐ唯一無二の道であります。

東の岸は煩悩に縛られた生死《しょうじ》の世界で「此《こ》の岸」（此岸《しがん》）

といわれ、一方、西の岸は煩悩を離れた開かれた世界、阿弥陀さまの本願の浄土で「彼《か》の岸」（彼岸《ひがん》）であります。私たちが心の奥底で本当に願っているのは、悩み多き閉ざされた世界を超えて、悩み無き開かれた世界に生まれて生きることであります。そこに、彼の岸に生きんと願う意義があるのです。

　ところが、また新しい課題が出てまいります。

「二つの岸、あい去ること近しといえども、何に由《よ》ってか行くべき」と譬喩は問いかけるのです。

　ここで、「あい去ること近し」とは、生死の世界（此の岸）と阿弥陀さまのお浄土（彼の岸）は、お互いに質が異なり隔絶《かくぜつ》されているのですが、阿弥陀さまはこの生死の世界を離れずに寄り添ってくださっているということであります。

しかし、そのように教えられてみても、「何に由ってか行くべき」、いかにして彼の岸に行くことができるのか。我が身自身の課題がそこに出てくるのです。

旅人はその我が身の課題に直面してうろたえるばかり。さらに自分自身に向かってつぶやきます。

「今日定《さだ》んで死せんこと疑わず」。

だめだ、私は今日まちがいなく死ぬ。それは疑いようもない、と。もうお手上げです。

はたして旅人には未来への出口が開かれてくるのでしょうか。さらに旅人の問いかけは続きます。

10

出口のない自力《じりき》の心

「二河白道《にがびゃくどう》」書き下し（真宗聖典二一九頁）

正《まさ》しく到《いた》り回《かえ》らんと欲《ほっ》すれば、群賊悪獣《ぐんぞくあくじゅう》漸漸《ぜんぜん》に来《きた》り逼《せ》む。正《まさ》しく南北に避《さ》り走らんと欲すれば、悪獣毒虫《あくじゅうどくちゅう》競い来りて我に向かう。正《まさ》しく西に向かいて道を尋《たず》ねて去《ゆ》かんと欲すれば、また恐《おそ》らくはこの水火の二河に堕《だ》せんことを。」

意訳

引き返そうとすれば、群賊悪獣が私に襲いかかってくる。南北に逃れようと思っても悪い獣《けもの》や毒虫《どくむし》が競って私の所に来るであろう。まっすぐに西に向かって白い道を尋ねて行こうとすれば、恐らくはこの水の河、火の河に堕《お》ち、死は逃れられないだろう。」

教えによれば、閉ざされた生死《しょうじ》の世界を超えて開かれた阿弥陀さまのお浄土に生まれていくことこそが救いなのです。

しかし、どうしたら、西方《さいほう》浄土へ生まれることができるのか、旅人は我が身を思うにつけ、立ち止まらざるを得ません。

ここに求道心の行き詰まり、退転《たいてん》という大きな課題が知らされてまいります。

もともと旅人には行き詰まりを超えたいという奥底からの欲求があります。出口なき人生に出口を求めずにはおれません。

そこでなんとか出口を見《み》いだそうと、次の三つの行動をとろうとします。

その一つは、「到《いた》り回《かえ》らん」ことで、後戻り、引き返しです。

こんな話を聞いたことがあります。聞法の会に長く参加されていた方が突然の不参加。その理由をお尋ねすると、「いくら仏法を聞いても、人生もう決まっている」と語ったそうです。

譬喩に「群賊悪獣《ぐんぞくあくじゅう》漸漸《ぜんぜん》に来《きた》り逼《せ》む」とありますが、これは世間の考えの誘惑です。徐々に忍び込んで逼《せま》ってきて、その方の求道心を覆い隠してしまったのでしょう。仏法を聴聞《ちょうもん》する以前の日頃の心、世間の心に後戻りするのです。

二つ目の行動は、「南北に避《さ》り走らん」とすることとです。私たちは日頃の心ゆえに生死の世界に埋没して「結局人生は決まっている」と思ってしまいますが、さらにそのように思わせる日頃の心を脱却して理想の自分を実現しよう、おそまつな現実の我が身を理想に少しでも近づけようと努力します。

ここで譬喩《ひゆ》では〝南北に避《さ》り走る〟とだけあります。何かを避けて「南北に」、つまり我が理想に走るのです。では何を避けようとするのでしょうか。

それは、我が身自身であります。

理想主義は、気づかないままに我が身を避け、無視して我が思いに生きようとまっしぐらです。それで思いもかけず「悪獣毒虫《あくじゅうどくちゅう》」が競って我に向かってくるのです。悪獣は「四大五陰《しだいごおん》」、つまり身と心です。毒虫は我が身を蝕《むしば》む煩悩です。

理想主義的な生き方は、人間の意識が基礎にあるため、意識よりもっと深い領域、つまり煩悩を丸ごと生きているという身の事実には出会っていないのです。

それゆえに、無関心にも我が身を避けて走る生き方は、やはり我が身の無い観念《かんねん》であり、内実ある生き方とはいえません。理想主義は無内容であり、まことに虚《むな》しいものなのです。

そこで第三の行動として、旅人は西方浄土に心をかけ、自分の努力のありたけを尽くしてお念仏に励みます。

「正《まさ》しく西に向かいて道を尋ねて去《ゆ》かんと欲すれば、また恐らくはこの水火の二河に堕《だ》せんことを」。

ここで〝去《ゆ》かんと欲する〟とあります。この出口なき生死の世界を自分の力で超えようとするのです。ちょうど溺れかけている者が自分の髪の毛を自分の手でつかみ、引き上げようとするようなものです。しかし、努力のかいなく水に沈んでしまいます。

このようにお念仏申すことに励みますが、それは自力《じりき》であり、そのかぎり、貪《むさぼ》り・瞋《いか》りの二河に飲み込まれる自分自身をいかんともできません。

実はこの旅人の三つの行動は、いずれも自分の体験や理想に縛られて、それ以上の出会いが開かれない、自力の心ゆえであったのです。

11

すでに道あり

「二河白道《にがびゃくどう》」書き下し　（真宗聖典二一九〜二二〇頁）

時に当たりて惶怖《こうふ》すること、また言うべからず。すなわち自ら思念《しねん》すらく、「我《われ》今回《かえ》らばまた死せん、住《とど》まらばまた死せん、去《ゆ》かばまた死せん。一種として死を勉《まぬか》れざれば、我寧《やす》くこの道を尋《たず》ねて前《さき》に向こうて去《ゆ》かん。すでにこの道あり。必ず度《ど》すべし」と。

意訳

このように思った時、その恐ろしさは言葉にできないほどであった。その時、この人は自ら思い定めるのであった。「私は引き返したら死ぬほかにない。またこのままとどまっていても死ぬばかりだ。前に進んでも死を逃れることはできないだろう。いずれにしても死ぬほかないのであれば、私はこの白い道を尋ねて前に歩んでいこう。すでにここに道がある。必ず渡ることができる」と。

前回で旅人は、出口なき人生に出口を求めるべく、三つの生き方をとろうとしました。

それは、世間のあり方に後戻りしていくか、現状にとどまって我が身を理想に近づけていくか、我が力をたのんでお念仏を申していくか…。そのいずれかでした。

しかし、いずれにせよ、自力《じりき》の心が基礎ですので、それ以上の出会いが開かれてこず、閉ざされていく現実を前にして、旅人は言葉もないほどの恐怖におののいたのです。

「時に当たりて惶怖《こうふ》すること、また言うべからず」。

どうあがいても、出口がない。言いようもなく怖《こわ》い…。

人生、死ぬことも解決の一つですが、死ぬに死ねないことがあります。生きることも解決の一つですが、生きるに生きられないことがあります。死ぬに死ねない、生きるに生きられない。これが人生の究極的な出口のなさであります。

譬喩《ひゆ》にありますように、〝引き返すことも死、立ち止まることも死、前に進むことも死〟。

これは古来より「三定死《さんじょうし》」と言われてまいりました。ここで「死」とは肉体の死ではなく、すべてが空《むな》しく過ぎゆくこと、「空過《くうか》」を意味します。

生きることの意味の喪失と申せましょう。

人生は苦悩を取り除けば幸せになると人は簡単に言い

ます。

しかし、苦悩がなくなったことはありません。そのため苦悩はいかんともできないものだと苦悩を放《ほう》りだしてしまい、人生を諦《あきら》めてしまいます。

しかし、よく考えてみると、いくら苦しくても、そこに意味を見いだすことができれば人は生きていけます。人間は苦しいのがイヤであるとは限りません。意味を見いだすことができれば喜んで苦しむことができるのも人間なのですから。

そこで、空過、意味の喪失を克服することが人生の根本的な課題であると教示《きょうじ》されたのが仏さまの教えだったのです。

「一種として死を勉《まぬか》れざれば、我寧《やす》くこの道を尋ねて前《さき》に向こうて去《ゆ》かん」。

いずれにしても死を勉《まぬが》れることができないのだから、私はこの白道《びゃくどう》を尋ねて前に向かって生きていこう。

ここで旅人は、我が身の三定死の現実を深く認識いたします。それまではどこかに出口があるのではないか、あるに違いないと、軽く考えていたのですが、我が身の三定死の事実を目《ま》の当たりにして、旅人は新たなる異質な出会いを経験します。

それは思いもかけないことでした。驚きでした。

「すでにこの道あり」。

ああ、私に先立って、私の行き詰まりを課題にして生きてくださっていた方々が、すでにおられた。その方々が私に道のありかを教えてくださっていた。歩むべき「道」は彼方《かなた》から今の我が身に、かねてより開かれている道であったのです。

お内仏《ないぶつ》や御本堂《ごほんどう》の金障子《きんしょうじ》も向こう側から私の方に、開いてくださっているのです。

「必ず度《ど》すべし」。

そこで、旅人は必ず渡ることができると確信します。道を歩む人の誕生といえましょう。

12

釈迦《しやか》・諸仏《しよぶつ》の発遣《はつけん》（お勧《すす》め）

「二河白道《にがびゃくどう》」書き下し（真宗聖典二二〇頁）

この念《ねん》を作《な》す時、東の岸にたちまちに人の勧《すす》むる声を聞く。「仁者《きみ》ただ決定《けつじょう》してこの道を尋《たず》ねて行《ゆ》け、必ず死の難《なん》なけん。もし住《とど》まらばすなわち死せん」と。

意訳

このように思い定めた時に、この人は東の岸から突然、勧め励ます声を聞いた。「旅人よ、ただ心を定めてこの白い道を前に向かって行きなさい、死の難など決してありはしない。もし、そこにとどまったら、それは死ぬほかにない」と。

この世界を生きている私たちは、どこまで行っても自《じ》力《りき》の心では出口が見《み》いだせません。さらにどこを見回しても群賊悪獣《ぐんぞくあくじゅう》がよってたかって襲ってまいります。しかも、出口なき世界の果ては、空々漠々《くうくうばくばく》の無内容さが感じ取られ、言いようもない空《むな》しさに襲われます。このままで終わってしまう…。それは恐怖でもあったのです。とどまっても、引き返しても、進んでも死を逃れることができない、まさに「三定死《さんじょうし》」の身であります。「この念を作《な》す時、東の岸にたちまちに人の勧《すす》むる声を聞く」と譬喩《ひゆ》は語りかけてまいります。

ここで「この念を作す時」とは、三定死以外にない我が身に気づき、そこに立つしかないと思い定めた決断の時であり、同時に白道《びゃくどう》を歩まんとする意欲が呼び起こされた時であります。

その時初めて旅人は、「東の岸にたちまちに人の勧むる声を聞く」のであります。

「東の岸」とは「娑婆《しゃば》の火宅《かたく》に喩《たと》うる」（真宗聖典二二〇頁）とありますように、私たちの現に生きている世間、火の燃え盛《さか》る家、出口なき此岸《しがん》であります。

「人の勧むる声」とは釈尊《しゃくそん》をはじめとする諸仏《しょぶつ》、親鸞聖人や私たちのご先祖のお勧めの呼び声であり、み教えであります。

それを釈迦・諸仏の「発遣《はっけん》」（お勧め）と申します。続けて譬喩は語ります。「仁者《きみ》ただ決定《けつじょう》してこの道を尋ねて行け、必ず死の難《なん》なけん。もし住《とど》まらばすなわち死せん」。

私たちは日頃、自分の都合に合った方向を設定してそれに合わせて道をつけます。いわば道の方向をすでに予想しています。しかし「この道を尋ねて行け」と呼びかけられ、呼び声としてわが身に響いてくる諸仏のみ教えは、旅人にとってはまさに「たちまち」のこと、予想だにせぬことであったのです。

振り返れば、前回、この旅人は、「この道を尋ねて前《さき》に向こうて去《ゆ》かん」と決断しましたが、その決断も実は私にとっては思いもかけないことであったのです。

思いもかけず、私の前には、先立って私の行き詰まりを課題にし、乗り越えていかれた方々がおられ、さらに歩むべき道がすでにあることを私たちに知らせてくださっていたのです。

ここで諸仏とは、私たちの生きている現実生活を離れてどこか理想世界（天国）に身を置いて、理想の高みから「我に来たれ」と自分自身への礼拝を命ずる方ではありません。

逆に私たちと同様にこの火の燃え盛る家（火宅《かたく》）、生死《しょうじ》の世界に身を置いて、共に身をもってお念仏の道を生き、お念仏を勧めてくださっている方々であります。お念仏申しつつ共に歩むことの大切さを知らせ勧めてくださっている方々なのです。

「お念仏の道を大切に生きていけばいいのです。この道を丁寧に歩みなさい」。

釈尊をはじめ、親鸞聖人、さらに私たちのご先祖が伝えてこられたみ教えは、呼びかけとなって私を励まし、私にお念仏の道に生きるようにと勧めてくださっているのです。

諸仏の歩みたまいし道。

私たちはいよいよこの諸仏方のお勧めをいただいて、
この道を生きるのであります。

13

阿弥陀《あみだ》さまの招喚《しょうかん》（お招《まね》き）

「二河白道《にがびゃくどう》」書き下《くだ》し（真宗聖典 二二〇頁）

また西の岸の上に人ありて喚《よぼ》うて言わく、「汝《なんじ》一心に正念《しょうねん》にして直《ただ》ちに来《きた》れ、我よく汝《なんじ》を護《まも》らん。すべて水火の難に堕《だ》せんことを畏《おそ》れざれ」と。

意訳

また西の岸の上に人がいて、旅人に喚《よ》びかける。「旅人よ、心を一つに定め、まっすぐにこの道を歩んで来なさい。私はすべてをあげてあなたを護ろう。水と火の河に堕《お》ちることなど、少しも畏れることはない」と。

どうも何か忘れ物をしているようで、それを探しながらここまで来てしまいました。いろんな所を探してもみました。未来にあるのではないかと夢見てもみました。しかし、どこにも見つかりません。事実、忘れ物が何なのか、自分が一体何を探しているのか、わからないのです。ところが、私たちの歴史には、その探し物のありか、生きるべき道のありかを教えてくださっていた方々がおられるのです。お釈迦さまをはじめ、親鸞聖人がたであり、諸仏《しょぶつ》と申します。

道に迷っていても迷っていること自体に気づきもせずに、どこまでも自分の認識だけをあてにして、さらに先に進もうとする私たち。あげく、いよいよ忘れ物が見つかりません。

ところがその私たちに、「どうかお念仏に出遇《であ》って生きてください」という諸仏の勧め、教えがあったのです。

では、お念仏とは何なのでしょう。それは、永遠の昔からこの私を根っこから支え尽くしてくださっているはたらきであります。旅人は諸仏のその教えにうながされ、お念仏に気づきます。お念仏は、はからずも向こう側から旅人に呼びかけてくださっていたお声であったのです。

これが「西の岸の上に人ありて喚《よぼ》うて言わく」であります。

西の岸の上の人とはお浄土にましますます阿弥陀さまであり、東岸《とうがん》、つまり迷路に迷い込んだ私たちに向かって、彼方《かなた》よりずっと呼びかけてくださっていたのです。「汝《なんじ》一心に正念《しょうねん》にして直《ただ》ちに来《きた》れ、我よく汝を護《まも》らん。すべて水火の難に堕《だ》せんことを畏《おそ》れざれ」。これを「弥陀《みだ》の招喚《しょうかん》」と申します。袋小路《ふくろこうじ》の私たちを「直ちに来れ」と大悲の心でお招きくださっている喚《よ》びかけです。

そこで、旅人は「汝《なんじ》よ」と呼びかけられている自分に気づきます。それは最も愛《いと》しいものに対する声、母親が溺《おぼ》れる幼子《おさなご》に呼びかけるように、出口なき旅人の現実に寄り添い、どうか道のありかに気づいてくださいと呼びかけてくださっている大悲《だいひ》のお心、本願《ほんがん》であったのです。

旅人は凍《い》てつく荒野の中で真実の温《ぬく》もりを感じます。同時に、旅人は「汝《なんじ》よ」と呼びかける阿弥陀さまのお声を聞き、その声に呼び覚まされて生きる「我《われ》」に出遇《であ》います。思いを我としていた自分が阿弥陀さまに呼びかけられ、願われている自分であることに気づくのです。

これを、聖人は「一心《いっしん》の言《ごん》は、真実の信心《しんじん》」「正念《しょうねん》の言は、選択摂取《せんじゃくせっしゅ》の本願《ほんがん》」であると押さえておられます（真宗聖典四五五頁）。

思いを我とせず、阿弥陀さまが選び取られた本願の念仏（正念）に生きていく身になること（一心）。

実はこれが永らく探しあぐねていた忘れ物であったのです。

さらに聖人は「「汝《なんじ》」の言は行者《ぎょうじゃ》なり、これすなわち必《ひつ》定《じょう》の菩《ぼ》薩《さつ》と名づく」と力強く頷《うなず》かれ、阿弥陀さまのお浄土に召《め》され、お念仏の道に生きるその者こそが「真《しん》の仏《ぶつ》弟《で》子《し》なり」といただかれています（真宗聖典 同前）。

そこに「すべて水火の難に堕せんことを畏れ」ず、たとえいかなる災難の中にあれ、人生を丁寧に、どこまでも一筋の白道を歩む新しい人《にん》の誕生があります。

14

呼びかけの中に願われて

「二河白道《にがびゃくどう》」書き下し（真宗聖典二二〇頁）

この人すでに此《ここ》に遣《つか》わし彼《かしこ》に喚《よば》うを聞きて、すなわち自ら正《まさ》しく身《しん》心《しん》に当たりて、決定《けつじょう》して道を尋《たず》ねて直ちに進みて、疑怯退心《ぎこうたいしん》を生《しょう》ぜずして、…

意訳

旅人はすでにこの二つの呼びかけを聞き、正《ただ》しく身心で受け止めて、わき目もふらずこの白い道をまっすぐに歩み、疑いや怯《おび》え、退《しりぞ》く心を生ずることはなかった。

いつも、誰かに尋ねようとしているのですが、みんな忙しそうに通り過ぎていきます。

「循環彷徨《じゅんかんほうこう》」という言葉があります。砂漠に一人投げ出された旅人がいました。到達点を予想して、まっすぐに進もうと思ってずっと歩いていくのですが、いつの間にか、何日も前に歩いていた自分の足跡を発見して愕然《がくぜん》とします。まっすぐに進んでいると思っていたのですが、ぐるっと循環して彷徨《さまよ》っていただけであったのです。

その原因は人間はまっすぐに歩いているつもりでいても、自分の利き手側《がわ》にわずかに傾いて進むからだそうです。

私たちは、大切なのは何よりも自分自身だとわかっているのです。だから、長い間自分なりに努力をしているのですが、一体どこに到着するのでしょうか。わかりません。

尋ねても応《こた》えてくれる人は、どこにもいないのです。

しかし、驚いたことに、そのような私たちが、実は呼びかけられ待たれていたのです。

「この人すでに此《ここ》に遣《つか》わし彼《かしこ》に喚《よば》うを聞きて…」とあります。

「この人」、旅人はすでに、「此《ここ》」、この生死《しょうじ》の世界にあって、お釈迦さまの呼びかけに出遇《であ》います。

お釈迦さまは苦悩の現実のただ中に身を置かれ、私たちを平等に尊重して「仁者《きみ》」（あなた）と呼びかけ、〝その道を歩みなさい〟とお勧めくださっていたのです。そのお声は現に「お経《きょう》」となって世界に限りなく呼びかけています。釈迦の「発遣《はっけん》」、お勧めであります。

一方、阿弥陀さまは広大な本願のお浄土、「彼《かしこ》」にあって、旅人に親しく寄り添い「汝《なんじ》よ」と呼びかけ、〝さあ、今こそお念仏の道を歩んでお浄土に帰るのです〟とお招きくださっているのです。

それはまた、空《むな》しく流転《るてん》する旅人自身に、仏の真実のお心に目覚めなさいと喚《よ》びかけるお声でもあるのです。

これが弥陀の「招喚《しょうかん》」、お招きであります。

人類の歴史のただ中を生きられたお釈迦さまの教え（発遣）に出遇ってこそ、阿弥陀さまの本願の呼び声（招喚）は歴史を超えて歴史の中へ、旅人の奥底に響き、聞こえてまいります。

さらに譬喩《ひゆ》は語りかけます。

「自ら正《まさ》しく身心《しんしん》に当たりて、決定《けつじょう》して道を尋ねて直ちに進みて、疑怯《ぎこう》退心《たいしん》を生ぜずして…」。

ここで旅人はお釈迦さまの教えに出遇って自らが凡夫《ぼんぶ》の身であることに気づきます。日頃、凡夫とは自らをダメ人間だと卑下《ひげ》する言葉として受け止められがちですが、そうではありません。逆に、仏の教えに出遇ってこそ気づかされるわが身自身、しかもこの苦悩の身心こそが阿弥陀さまのご本願を深く頷《うなず》くことのできる器《うつわ》であることに気づかされた言葉なのです。

凡夫であることに目覚めてこそ、「釈迦の発遣」と「弥陀の招喚」は、一つの呼びかけとなって、旅人の身心に響いてまいります。

その響きの中に、お浄土から旅人に向かって一筋の白《びゃく》道《どう》が開かれてあるのでした。

呼びかけの中に願われて歩む旅人。そこには何ら疑いも怯《おび》えもなく、退心《たいしん》、後戻りする必要もありません。境

遇がいかようであれ、一筋の白道を闊歩《かっぽ》する私を賜《たまわ》って
いるからであります。
今、ここに、すでに道あり。

15

感動は道の発見

「二河白道《にがびゃくどう》」書き下《くだ》し（真宗聖典二二〇頁）

あるいは行くこと一分二分《いちぶんにぶん》するに、東の岸の群賊等《ぐんぞくら》喚《よぼ》うて言わく、「仁者《きみ》回《かえ》り来《きた》れ。この道嶮悪《けんあく》なり。過《す》ぐることを得《え》じ。必ず死せんこと疑わず。我等《われら》すべて悪心あってあい向《むか》うことなし」と。

意訳

こうして一歩、二歩と進むうちに、東の岸から群賊などが喚《よ》びかけてくるのであった。「旅人よ、かえってきなさい。この道は険《けわ》しく危険だ。渡りきることは到底できない。必ず死んでしまう。私たちは、決して悪意があって、あなたに言っているのではない」と。

旅人は阿弥陀《あみだ》さまとお釈迦《しゃか》さまの呼びかけの中で、白《びゃく》道《どう》を歩み始めます。それは旅人にとっては感動そのものであありました。

日ごろ、私たちはゴールを目指してまっしぐらに道を歩みます。そしてゴールに到達すれば感動いたします。しかも一位になったら最高です。このように日常では、よき結果こそが感動のすべてなのです。

一方、結果に泣く人は大多数で、自らの状況をいかんともできず出口がありません。

しかし、本当に出口はないのでしょうか。

そうではありません。実は出口はあったのです。

出口を探しあぐねていた旅人にとっては、ゴールという結果の達成ではなく、歩むべき道そのものの発見こそが出口であり感動であったのです。なぜなら、道に気づけば限りなき歩みを始めることができるからであります。「ああ、ここにお釈迦さまをはじめ数限りない念仏者方《ねんぶつしゃがた》のお勧めくださってきた道がある。証明してくださってきたお浄土からの道がある」。

旅人は感動しつつ白道を一歩、二歩（親鸞聖人は一年、二年とお受け止めです）と歩み続けます。ところが思いもかけず、東の岸、つまりこの生死《しょうじ》の世界から、呼びかけてくるものがあったのです。

「旅人よ、かえってきなさい。この道は険《けわ》しく危険だ。渡りきることは到底できない。必ず死んでしまう。私たちは、決して悪意があって、あなたに言っているのではない」と。

白道を見いだし、歩み始めた旅人に、その道の危険性を伝え、引き返すように勧めるのです。

「私は、あなたのためを思って言っているのですよ」と。

これは一見その人を思っての善意の勧めであるかのようです。だまそうと悪意あってのことではなく真面目そうに見えます。

しかし、これは生死の世界に再度立ち戻らせようとする勧めであります。その限りまたもや旅人に出口無き世界を勧めているのです。

この一見真面目な誘惑者が実は群賊悪獣《ぐんぞくあくじゅう》であります。誘惑者は、わが身を隠し、親しさをよそおい、相手を思うふりをして「善意」で忠告します。

それを善導大師《ぜんどうだいし》は「別解《べつげ》・別行《べつぎょう》・悪見《あくけん》の人等《ひとら》、妄《みだり》に説くに見解《けんげ》をもって、迭《たが》いにあい惑乱《わくらん》し、および自ら罪を造りて退失すと喩《たと》うるなり」（真宗聖典二二一頁）と受け止めておられます。

群賊悪獣とは、それぞれバラバラの考えや行動、さらに自他共に人間をダメにする見解の持ち主で、実はまったく根拠のない妄説《もうせつ》で互いに惑わしあい、自ら罪をつくって人間を失ってしまっているものなのでした。

ここで、以前（本書71頁～）語られていた群賊悪獣が再度語られてまいります。なぜなのでしょう。

今回のそれは、念仏を申し道を歩み始めた人には、根拠のない妄説を語って歩みを妨げるものが必ず現れ、つきまとうということの指摘であります。

しかし、さらに言えば、その群賊悪獣もただひたすら邪魔をするばかりではありません。

逆に、私たちにお念仏を励まし勧めるものとしていただかれてくるのであります。

16

善《よ》き師、善き友に出遇《であ》って

「二河白道《にがびゃくどう》」書き下《くだ》し（真宗聖典 二二〇頁）

この人、喚《よば》う声を聞くといえどもまた回顧《かえりみ》ず。一心に直《ただ》ちに進みて道を念じて行けば、須臾《しゅゆ》にすなわち西の岸に到《いた》りて永く諸難《しょなん》を離《はな》る。善友《ぜんぬ》あい見て慶楽《きょうらく》すること已《や》むことなからんがごとし。これはこれ喩《たとえ》なり。

意訳

旅人は、群賊たちの喚《よ》ぶ声を耳にはするが、もはや顧《かえり》みることはない。一心にまっすぐ進んで、この道を念じ続けて行くと、すぐに西の岸に到り、永くいろいろな難を離れ、善き友と出会い、大いなる喜びが尽きることがない。以上が、二河白道の譬《たと》えである。

旅人は、群賊悪獣《ぐんぞくあくじゅう》の呼び戻そうとする誘惑の声にふり向こうともしません。

なぜならば、旅人は今や、久遠《くおん》の昔からわが身に寄り添い呼びかけてくださっている阿弥陀さまのご本願のかたじけなさ、またその事実を指し示してくださったお釈迦さまの教えのありがたさを身一杯にいただいていたからであります。

「すでに道あり」。そのことに目覚めていたのです。

さらに譬喩《ひゆ》は、「一心に直《ただ》ちに進みて道を念じて行けば」と続きます。

「一心に」とは、わき目もふらずにそのこと一つに専念するという意味ですが、実際には私たちはいつもキョロキョロして焦点が定まりません。日常を生きる私たちには一心ということは実は成り立たないのです。

その私たちに「一心に」という教えが頷《うなず》けてくるのは、一心が如来の一心、つまり、私たちを片時《かたとき》も忘れずに念じてくださっている阿弥陀さまのお心に気づいた時です。

さらにまた親鸞聖人は、「道を念じて行けば」について、「「念道《ねんどう》（道を念ずる）」の言は、他力白道《たりきびゃくどう》を念ぜよとなり」（真宗聖典四五六頁）とご指摘くださいます。つまり「道を念ずる」とは、如来の本願《ほんがん》（他力）によって開かれてくるお念仏の道（白道）にこそ心開かれて忘れずにあれという如来のご催促《さいそく》なのだと指摘されるのです。

日頃私たちは、道を求めては道に行き詰まり、人生の出口のなさに絶望します。しかし、私たちの心の奥底には心底《しんそこ》求めてやまない、それ以上の道があるのです。それは、こちらからの道ではなく、向こうから開かれてくる本願念仏の一道、白道であったのです。

次に、「須臾《しゅゆ》にすなわち西の岸に到りて永く諸難《しょなん》を離《はな》る」とあります。その道を歩み始めると須臾（すぐ）に、西の岸に到って、永遠にいろんな苦悩を離れることができるというのです。

歩み始めた道は、身は空中に漂《ただよ》って夢に向かって飛び立っていくといった夢想《むそう》の道ではありません。わが身はどこまでもこの現実の娑婆《しゃば》世界にあって、西岸《さいがん》から「汝《なんじ》」と呼びかけられ、その呼びかけの一声一声に呼び覚まされて、一歩一歩をいただいて生きる道であります。

人生はどこまでも難儀《なんぎ》なことばかりです。しかし如来の呼びかけに出遇《であ》う時、それが人生の深さや豊かさを開いてくださる扉となるのです。

そこに、「善友《ぜんぬ》あい見て慶楽《きょうらく》すること已《や》むことなからんがごとし」という内容があります。

西岸への一歩一歩はまた「善友」と出遇って気づき合い、育ち合う共なる世界であります。一人ひとりが「汝」

と呼びかけられ、煩悩具足の我ら、共に凡夫という自覚において深くつながり、共にお育てをいただきつつ豊かに人生を果たし遂げるのであります。

ことばが通じる世界をたまわるのであります。

そこに、信心を歓喜《かんぎ》するという究極的な感動があります。

私たちの生涯は、善き師、善き友に出遇い、西岸に支えられて、たまわった今日この身を生きる歩みでありましょう。

人生すべてがお念仏の道場であります。

おわりに

お浄土は今に開かれて

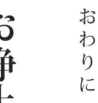

「二河白道《にがびゃくどう》」の譬喩《ひゆ》を説かれた善導大師《ぜんどうだいし》は、『仏説観無量寿経《ぶっせつかんむりょうじゅきょう》』の註釈《ちゅうしゃく》の中で王妃韋提希夫人《おうひいだいけぶにん》の救いについて深く考察しています。

それは、彼女が産み育ててきた愛すべき阿闍世《あじゃせ》という息子が、こともあろうに尊敬する夫、頻婆娑羅《びんばしゃら》王を殺害し、夫人自身をも宮中に幽閉するに至った事件、いわゆる「王舎城《おうしゃじょう》の悲劇《ひげき》」が背景にあります。

なぜ阿闍世はそのような行為に走ったのか。それは提《だい》婆《ば》という悪友にそそのかされたとはいえ、自分自身を「望まれずして生まれてきた者」と受け止めてしまっていたからでした。

阿闍世の母である韋提希は苦悩します。見回しても邪悪なものばかりが自分に襲いかかってくるようにすら思えてきます。

そのような中で、かねて仏縁をいただいていたためか、釈尊《しゃくそん》に自らの苦悶《くもん》を打ち明け、悩みのない世界、特に阿《あ》弥陀《みだ》さまの極楽《ごくらく》世界に生まれたいと懇願《こんがん》します。

その要求に応じて釈尊は極楽世界の内容を説法《せっぽう》されますが、さらにその世界に往生《おうじょう》するのには「三つの心」との出会いが必須《ひっす》であるとお教えになられます。

なぜならば、韋提希の要求は悲しいかな、煩悩《ぼんのう》にまみれており、その身の事実に気づくためにも、仏の心に出会い、さらに我が身を深くいただき直さねばならなかったからです。

その三つの心を、至誠心《しじょうしん》、深心《じんしん》、回向発願心《えこうほつがんしん》といいます。至誠心は阿弥陀さまの真《まこと》の心、つまり仏の呼びかけ。深心は阿弥陀さまの深く信ずる心、つまり仏の呼び覚まし、さらに回向発願心は阿弥陀さまが自らのお浄土に呼び戻そうとするお心であったのです。

尋ねてきた「二河白道」は、善導大師が、この回向発願心の説明として述べられた譬喩なのです。

王舎城の登場人物と同様に、私たちはみな人生の行き詰まりに悩みます。生きようとするほど出口のなさを感じます。しかし、仏さまの御説法に出会い仏さまの智慧《ちえ》をいただけば、出口のなさは我が思いの狭さゆえと知らされ、観点の変更、つまり、このようにしか見えなかったけれども、照らされてみれば、実はこのように見直すことができるという心の翻《ひるがえ》り、それが起こるのも人間なのだと知らされるのです。それも阿弥陀さまの真《まこと》の呼びかけがあればこそであります。

悩みは未来を開く扉、苦悩を機縁《きえん》としてこそ生きるべき道が開かれてくるのだ、と「二河白道」の譬喩は教えてくださいます。

人間は自分の思いによって人生を閉ざしてしまいますが、同時にまた、阿弥陀さまに呼びかけられ、呼び覚まされ、そして呼び戻されてこそ、いよいよ深く豊かな道を歩ませていただく存在でもあります。

道のありかを教えてくださる善き師、共にその道を歩もうとうながしてくださる善き友、それこそが人生の宝物であります。

生きらるるべき豊かな世界は彼岸《ひがん》より此岸《しがん》へ、すなわち今日この身に開かれてあるものであります。

したがって阿弥陀さまのお浄土は、私たちが共に生まれ帰らんとする故郷《ふるさと》、私たちを平等に受け止め育《はぐく》んでくだされる大地、さらにいえば父母ましますます家郷《かきょう》として頷《うなず》かれ生きられる本願の国土《こくど》であります。

その家郷から一筋の白道が、さまざまな境遇に生きるわが身にまでいたり届いています。それは、私たちの安んじて歩むことのできる家路《いえじ》であり、お念仏の道なのです。

凡例

・「善導大師のご解釈（『観経疏』より）」は、『観経疏』において「二河白道の譬喩」の解釈が説かれている箇所を掲載。書き下しは、『真宗聖典』二二〇頁～二二一頁（『教行信証』「信巻」所収）によります。

・「親鸞聖人のご解釈（『愚禿鈔』より）」は、『愚禿鈔』内の「二河白道の譬喩」に関連する箇所のみを掲載。また、書き下しは、『真宗聖典』四五二頁～四五七頁によります。

・下段の語注は、『二河白道の譬え』（寺川俊昭編、東本願寺出版発行）、各種辞書をもとに東本願寺出版が付したものです。学習会等、各自お読みいただく際の参考としてご覧ください。

善導大師のご解釈（『観経疏』より）

本文　（真宗聖典 二二〇～二二一頁）

次に喩《たとえ》を合《がっ》せば、「東岸」というは、すなわちこの①娑婆《しゃば》の②火宅《かたく》に喩《たと》うるなり。「西岸」というは、すなわち③極《ごく》楽《らく》宝《ほう》国《こく》に喩《たと》うるなり。「群《ぐん》賊《ぞく》悪《あく》獣《じゅう》詐《いつわ》り親《したし》む」というは、すなわち衆生《しゅじょう》の④六根・⑤六識・⑥六《ろく》塵《じん》・⑦五《ご》陰《おん》・⑧四《し》大《だい》に喩《たと》うるな

語注

①娑婆
梵語のサハー（Sahā）の音写で、堪忍土《かんにんど》と漢訳される。数々の苦しみを受け、それに堪《た》え忍《しの》ばなければならない、迷いのこの世界。

②火宅
燃えさかる家。『法華経《ほけきょう》』にある有名な譬《たと》えで、家が火に包まれていることに気づかず夢中で遊ぶ子どもの様子に託《たく》して、迷いの世界で苦しんでいることに気づかない人間のあ

り。「無人空迴《むにんくぎょう》の沢《さわ》」というは、すなわち常に悪友《あくう》に随《したが》いて、真の⑨善知識《ぜんじしき》に値《あ》わざるに喩《たと》うるなり。「水火二河《にが》」というは、すなわち⑩衆生《しゅじょう》の貪愛《とんない》は水のごとし、瞋憎《しんぞう》は火のごとしと喩《たと》うるなり。「中間《ちゅうげん》の白道四五寸《びゃくどうしごすん》」というは、すなわち衆生《しゅじょう》の⑪貪瞋煩悩《とんじんぼんのう》の中に、よく⑫清浄願往生《しょうじょうがんおうじょう》の心を生ぜしむるに喩《たと》うるなり。いまし

り方を表している。

③極楽
阿弥陀如来の浄土の名。安楽《あんらく》、安養浄土《あんにょうじょうど》ともいう。

④六根
眼根《げんこん》・耳根《にこん》・鼻根《びこん》・舌根《ぜつこん》・身根《しんこん》・意根《いこん》という六つの感覚器官（認識能力）。視覚・聴覚・嗅覚・味覚・触覚の五つの感覚器官と、認識し思考する心。

⑤六識
六根においてはたらく、知覚・認識のはたらき。眼識《げんしき》・耳識《にしき》・鼻識《びしき》・舌識《ぜつしき》・身識《しんしき》・意識《いしき》。

⑥六塵
六根による知覚・認識の対象となるもので、六境ともいう。色《しき》（色や形）・声《しょう》（音声）・香《こう》（香

貪瞋《とんじん》強《こわ》きによるがゆえに、すなわち水火のごとしと喩《たと》う。⑬善心微《み》なるがゆえに、白道《びゃくどう》のごとしと喩《たと》う。また「水波常に道を湿《うるお》す」とは、すなわち⑭愛心《あいしん》常に起こりてよく善心を⑮染汚《ぜんわ》するに喩《たと》うるなり。また「火焔《かえん》常に道を焼く」とは、すなわち⑯瞋嫌《しんけん》の心よく功徳の法財を焼くに喩《たと》うるなり。「人、道の上を行《ゆ》いて直《ただ》

りや臭味)・味《み》(味わい)・触《そく》(触りごこちや重さ、温度など)・法《ほう》(思想など思考対象)。塵《ちり》のように心をけがすことから六塵という。

⑦五陰
われわれの個体を形づくる五つの構成要素。色《しき》(物質)・受《じゅ》(感受)・想《そう》(表象)・行《ぎょう》(意志)・識《しき》(認識)。五蘊《ごうん》ともいう。

⑧四大
あらゆるものを構成する四つの要素。地大《ちだい》(堅さ)・水大《すいだい》(うるおい)・火大《かだい》(熱)・風大《ふうだい》(動き)からなる。

⑨善知識
仏法を教え、示す人生の師。すでに本願念仏の道を自《みずか》ら歩

ちに西に向かう」というは、すなわちもろもろの行業《ぎょうごう》を回《え》して直ちに西方に向かうに喩《たと》うるなり。「東の岸に人の声勧《すす》め遣《つか》わすを聞きて、道を尋《たず》ねて直ちに西に進む」というは、すなわち釈迦《しゃか》すでに滅《めっ》したまいて後《のち》の人、見たてまつらず、なお教法《きょうぼう》ありて尋《たず》ぬべきに喩《たと》う、すなわちこれを声のごとしと喩《たと》うるなり。「あ

み、われわれにも勧めてくださる善《よ》き師、善き友。

⑩衆生
すべてのいのちあるもの。生きとし生けるもの。特に人間を指す。

⑪貪瞋煩悩
貪欲《とんよく》（むさぼり）と瞋恚《しんに》（いかり）の煩悩。これに愚痴《ぐち》（おろかさ）を加えて、「三毒《さんどく》の煩悩」という。

⑫清浄願往生心
清浄とは、煩悩のけがれを離れていること。われわれの思いや経験を超えひらかれてくる、仏の世界へ生まれたいと願う心。

⑬善心

るいは行くこと一分《いちぶん》二分《にぶん》するに、群賊等《ぐんぞくら》喚《よ》び回《かえ》す」というは、すなわち⑰別解《べつげ》・別行《べつぎょう》・⑱悪見《あくけん》の人等《ひとら》、妄《みだり》に説くに見解《けんげ》をもって、迭《たが》いにあい惑乱《わくらん》し、および自ら罪を造りて退失すと喩《たと》うるなり。「西の岸の上に人ありて喚《よば》う」というは、すなわち弥陀《みだ》の願意に喩《たと》うるなり。「須臾《しゅゆ》に西の岸に到《いた》りて善友《ぜんぬ》あい見て喜ぶ」という

浄土を願い求める心。

⑭愛心
貪愛《とんあい》の心。むさぼり、執着《しゅうじゃく》する心。

⑮染汚
煩悩に染《そ》め、けがすこと。

⑯瞋嫌
瞋恚《しんに》の心。怒り、腹立ち、憎む心。

⑰別解・別行
本願念仏以外の教え、および本願念仏以外の行。

⑱悪見
仏道を否定し、謗《そし》る考え。

は、すなわち衆生《しゅじょう》久しく生死《しょうじ》に沈みて、⑲曠劫《こうごう》より⑳輪回《りんね》し㉑迷倒《めいとう》して、自ら纏《まと》うて㉒解脱《げだつ》に由《よし》なし、仰《あお》いで釈迦《しゃか》㉓発遣《はっけん》して指《おし》えて西方に向かえたまうことを蒙《かぶ》り、また弥陀《みだ》の悲《ひ》心《しん》㉔招喚《しょうかん》したまうに藉《よ》って、今㉕二尊《にそん》の意《おんこころ》に信順して、水火二河を顧《かえり》みず、念念に遺《わす》るることなく、かの願力の道《どう》に乗じて、捨命已後《しゃみょういご》かの国に生まる

---

⑲曠劫
果てしなく遠い過去。

⑳輪回
車輪が回るように、迷いの世界に無限に生まれ変わり、死に変わりすること。

㉑迷倒
迷いに沈み、ものごとが正しく見えないこと。

㉒解脱
煩悩の迷いと、生死《しょうじ》の苦悩から解放されていくこと。

㉓発遣
迷いの世界から、本願念仏の道を行くことを勧め励ますこと。諸仏《しょぶつ》・善知識の教え。

㉔招喚

ることを得て、仏とあい見て慶喜《きょうき》すること何ぞ極《きわ》まらんと喩《たと》うるなり。

仏の世界である浄土から、迷いの世界にあるわれわれを招《まね》き呼ぶこと。阿弥陀如来の大悲本願のはたらき。

㉕二尊
阿弥陀如来と釈尊。

親鸞聖人のご解釈（『愚禿鈔』より）

本文（真宗聖典 四五二〜四五七頁）

二河《にが》の中について、「一《ひとつ》の譬喩《ひゆ》を説きて信心を守護して、もって外邪異見《げじゃいけん》の難《なん》を防がん」と。「この道、東の岸より西の岸に至るまでまた長さ百歩《ぶ》なり。」文

百歩とは、①人寿《にんじゅ》百歳に譬《たと》う

語注

①人寿百歳
百歳をもって、人間の一生をあらわす。

②異執
本願念仏以外の教えに固執し、仏道をゆがめて受けとること。

③定散自力の心
定散とは、『観無量寿経《かんむりょうじゅきょう》』に説かれる浄土を観《み》る行。定善十三観、散善三観のこと。定善とは、心を集中して、如来と浄土のすがたをはっきりと心にうつすこと。散善とは、

るなり。
「群賊悪獣《ぐんぞくあくじゅう》」とは、
群賊《ぐんぞく》は、別解《べつげ》・別行《べつぎょう》・異見《いけん》・②異執《いしゅう》・悪見・邪心《じゃしん》・③定散《じょうさん》自力の心なり。
悪獣《あくじゅう》は、六根《ろっこん》・六識《ろくしき》・六塵《ろくじん》・五陰《ごおん》・四大《しだい》なり。
「常に悪友《あくう》に随《したが》う」というは、
悪友は、善友《ぜんぬ》に対す、④雑毒虚仮《ぞうどくこけ》の人なり。
「無人空迴《むにんくぎょう》の沢《さわ》と言うは、悪

散乱する心のままで悪をすてて善を修すること。どちらも自分の能力をたのむ心に基づいて行《おこな》われるので、定散自力の心という。
④雑毒虚仮
雑毒とは、煩悩にまみれていること。虚仮とはうそ・いつわりであり、真実と反対であること。

友なり、真の善知識《ぜんじしき》に値《あ》わざるなり。」

真の言《ごん》は、仮《け》に対し偽《ぎ》に対す。

善知識《ぜんじしき》は、悪知識《あくちしき》に対するなり。

真善知識《しんぜんじしき》、正《しょう》善知識、実善知識、是善知識、善善知識、善性《ぜんしょう》の人なり。

悪の知識は、

仮《け》善知識、偽《ぎ》善知識、邪《じゃ》善

---

⑤六度
六波羅蜜《ろくはらみつ》のこと。波羅蜜とは梵語パーラミター（pāramitā）の音写で、到彼岸《とうひがん》と漢訳される。迷いの世界をこえて証《さと》りの世界（彼岸）に到《いた》るために、菩薩《ぼさつ》が修《おさ》めるべき行を指す。布施《ふせ》・持戒《じかい》・忍辱《にんにく》・精進《しょうじん》・禅定《ぜんじょう》・智慧《ちえ》の六つをいう。

⑥六趣
六道《ろくどう》ともいう。迷いの衆生が生まれ変わり、死に変わりする六つの生存の状態。地獄《じごく》・餓鬼《がき》・畜生《ちくしょう》・修羅《しゅら》・人《にん》・天《てん》。

⑦四生
いのちのあり方を、その生まれ方によって、四つに分類したもの。

知識、虚《こ》善知識、非善知識、悪知識、悪性《あくしょう》の人なり。

「白道四五寸《びゃくどうしごすん》」と言うは、白道とは、白《びゃく》の言《ごん》は黒《こく》に対す、道の言は路《ろ》に対す、白はすなわちこれ⑤六度万行《ろくどまんぎょう》、定散《じょうさん》なり。これすなわち自力小善の路なり。黒はすなわちこれ⑥六趣《ろくしゅ》・⑦四生《ししょう》・⑧二十五《にじゅうご》有《う》・⑨十二類生《じゅうにるいしょう》の黒悪道《こくあくどう》なり。

卵生《らんしょう》（卵から生まれるもの）・胎生《たいしょう》（母胎から生まれるもの）・湿生《しっしょう》（湿気の中から生まれるもの）・化生《けしょう》（よりどころなしに忽然《こつぜん》と生まれるもの＝天の神々や地獄の衆生など）。

⑧二十五有
有《う》とは、迷いの生存あるいは世界を意味し、二十五有とは衆生が輪回《りんね》する迷いの世界を細かく分けたもの。

⑨十二類生
衆生が生まれ変わり、死に変わりする迷いの生のあり方。卵・胎・湿・化の四生に、有《う》色《しき》・無色《むしき》・有想《うそう》・無想《むそう》・若非《にゃくひ》有色《うしき》・若非無色《にゃくひむしき》・若非有想《にゃくひうそう》・若非無想《にゃくひむそう》を加えた十二種の生。

四五寸とは、四の言《ごん》は四大《しだい》毒蛇《どくじゃ》に喩《たと》うるなり。五の言は五陰悪獣《ごおんあくじゅう》に喩《たと》うるなり。「能生清浄願往生心《のうしょうしょうじょうがんおうじょうしん》」と言うは、無上の信心・⑩金剛《こんごう》の真心《しんじん》を発起《ほっき》するなり、これは如来回向《にょらいえこう》の信楽《しんぎょう》なり。「あるいは行くこと一分二分《いちぶんにぶん》す」と言うは、⑪年歳時節《ねんさい》に喩《たと》うるなり。「悪見人等《あくけんにん》」と言うは、⑫憍《きょう》

---

⑩金剛の真心
本願の信心のこと。どんなものにも犯されず、傷つけられず、しかも尊い心であることを、金剛（ダイヤモンド）に喩える。

⑪年歳時節
一年二年と、年月が経《た》っていくことをあらわす。

⑫憍慢
おごり、たかぶる心をいう。

慢《まん》・懈《け》怠《だい》・⑬邪《じゃ》見《けん》・疑《ぎ》心《しん》の人なり。

また「西《さい》岸《がん》上《じょう》に人ありて喚《よ》ぼうて言わく汝《なんじ》一心正《しょう》念《ねん》にして直《ただ》ちに来《きた》れ、我《われ》よく護《まも》らん」というは、

「西岸の上に人ありて喚《よ》ぼうて言わく」というは、阿《あ》弥《み》陀《だ》如《にょ》来《らい》の誓《せい》願《がん》なり。

「汝《なんじ》」の言は行《ぎょう》者《じゃ》なり、これすなわち⑭必《ひつ》定《じょう》の菩《ぼ》薩《さつ》と

⑬邪見　仏法を否定し、人を傷つける心をいう。

⑭必定の菩薩　必ず仏となるべき身に定まった位《くらい》の菩薩をいう。

名づく、龍樹大士《りゅうじゅだいじ》の『十住毘婆沙論《じゅうじゅうびばしゃろん》』に曰《い》わく「即時《そくじ》入必定《にゅうひつじょう》」となり。曇鸞菩薩《どんらんぼさつ》の『論《ろん》』には「入《にゅう》⑮正定聚《しょうじょうじゅ》之数《しじゅ》」と曰《い》えり。善導和尚《ぜんどうかしょう》は「⑯希有人《けうにん》なり・⑰最勝人《さいしょうにん》なり・⑱妙好人《みょうこうにん》なり・好人《こうにん》なり・上上人なり」・「真の仏弟子《ぶつでし》なり」と言えり。一心の言は、真実の信心なり。

---

⑮正定聚
仏道の最後の目的、完全なる安らぎの境地である涅槃《ねはん》を証《さと》り、仏となることが決定したともがらのこと。

⑯希有人
まれにある人という意味で、念仏者をほめ讃《たた》える言葉。

⑰最勝人
最もすぐれた人。

⑱妙好人
妙好華《みょうこうけ》の人という意味。妙好華とは、蓮華の中で最もすぐれている白蓮華《びゃくれんげ》のことで、念仏者をこれに喩《たと》え、ほめ讃える言葉。

⑲第一希有の行
さまざまな仏教の行の中で、

正念の言は、選択摂取《せんじゃくせっしゅ》の本願なり、また「⑲第一希有《けう》の行《ぎょう》」なり、⑳金剛不壊《こんごうふえ》の心なり。

「直」の言は、㉑回《え》に対し㉒迂《う》に対するなり。また「直」の言は㉓方便仮門《ほうべんけもん》を捨てて如来大願《だいがん》の他力に帰するなり、諸仏《しょぶつ》出世の直説《じきせつ》を顕《あらわ》さしめんと欲してなり。

「来」の言は、去《こ》に対し往《おう》

最もすぐれた行という意味であり、念仏を指す。

⑳金剛不壊
金剛（ダイヤモンド）が非常に堅く、他のものによって傷つけられないように、どんな悪業《あくごう》・煩悩によっても揺らぐことのない本願の信の確かさをあらわす。

㉑回
回り道。

㉒迂
遠い道。

㉓方便仮門
方便とは、迷いの中にある衆生を真実へ誘《さそ》い導くための手だて。本願念仏の教えに頷《うなず》けないわれわれにあわせて説か

に対するなり。また㉔報土《ほうど》に還来《げんらい》せしめんと欲してなり。

「我」の言は、㉕尽十方無碍《じんじっぽうむげ》光如来《こうにょらい》なり、㉖不可思議光《ふかしぎこう》仏《ぶつ》なり。

「能」の言は、不堪《ふかん》に対するなり、疑心《ぎしん》の人なり。

「護」の言は、㉗阿弥陀仏果《あみだぶつか》成《じょう》の正意《しょうい》を顕《あらわ》すなり、また摂取不捨《せっしゅふしゃ》を形《あらわ》すの貌《かおばせ》なり、

れる、さまざまな行や善を尽くす教え。

㉔報土
阿弥陀如来の本願に酬《むく》い、応《こた》えて開かれる浄土。

㉕尽十方無碍光如来
阿弥陀如来の別号《べつごう》。すべての世界をあまねく照らし、あらゆる人をその中に摂《おさ》め取り愚《ぐ》痴《ち》の闇を照らす、阿弥陀如来の智慧の光のはたらきをあらわす。

㉖不可思議光仏
阿弥陀如来のこと。私たちの思いはからいを超え、ただほれぼれと仰《あお》ぎ讃嘆《さんだん》するほかはない如来という意味で、尽十方無碍光如来とともに親鸞聖

すなわちこれ㉘現生護念《げんしょうごねん》なり。

「念道《ねんどう》」の言は、他力白道《びゃくどう》を念ぜよとなり。

「慶楽《きょうらく》」とは、「慶《きょう》」の言は㉙印可《いんか》の言なり、獲得《ぎゃくとく》の言なり、「楽」の言は悦喜《えつき》の言なり、歓喜踊躍《かんぎゆやく》なり。

「仰《あお》ぎて釈迦《しゃか》発遣《はっけん》して指《おし》えて西方《さいほう》に向かえたまうことを蒙《かむ》る」というは、順なり。

人が大切にされた如来の別号。

㉗阿弥陀仏果成の正意
本願成就して南無阿弥陀仏と名のられる如来の、如来としての大きな恩徳《おんどく》をあらわす大切な言葉という意味であろう。

㉘現生護念
われわれのこの現実の人生すべてが、念仏する者をもらさず摂《おさ》め取る如来の大悲の中に護《まも》られ、生かされている事実をいう。

㉙印可
念仏者に対して、間違いなく仏となるであろうことを認める如来の認証《にんしょう》。

「また弥陀《みだ》の悲心招喚《ひしんしょうかん》したまうに藉《よ》る」というは、信なり。「いま二尊の意《おんこころ》に信順して水火二河を顧《かえり》みず、念念に遺《わす》ることなく、かの願力の道に乗ず」といえり。

あとがき

かつて幼き日、お寺のお御堂《みどう》で定例のご法要が開かれていたときのこと、母の膝に抱かれて御門徒とともにお聞かせいただいていたお言葉が、今もなお私にありありと活《よみがえ》ってくるのです。

そのひとつは『歎異抄』第二章であり、ひとつは『二河白道のお話』であったのです。

『歎異抄』第二章はお説教が始まる時にいつも称えられる讃題《さんだい》であったために常に耳にしていて、いつしか暗記するまでになっていました。一方、二河白道のお話の内容は分からないままであったのですが、これも不思議と心に残っています。

『歎異抄』第二章はくり返し聞かせていただいたせいもあったので

すが、二河白道の話はそれとは違って、染みこんでくる印象とでもいいましょうか、ある種の振動が私の存在の奥底に響き、いまだ残影として生き続けていたのです。

その残影はお話の内容についてではなかったように思われます。ただ、語る方の気迫とそれを聞く方々の真剣さに子供ながら圧倒されたのを思い出すのです。

今にして思えば、語りかける言葉とお聞きする言葉とが、共に関係し合い頷《うなず》き合うのですが、両者は間違いなく大地から湧き上がってくるような頷きであったとしかいいようがありません。

近年、人びとの会話を垣間見ますと、すぐに相手の言葉に同調して分かっている装《よそお》いをするか、即座に分からないといって相手を拒否してしまうかのいずれかであるようです。どうも私たちは孤立を恐れて対話を求めますが、かえって孤立は深まるばかりです。

まことに人間は簡単に通じ合えるものではありません。

しかし、あのとき、二河白道のお話の最中では、話す方《かた》も聞く方々《かたがた》もそれぞれ通じ合えないはずなのに頷《うなず》き合っていました。通じ合えない者同士の間に頷き合える言葉が開かれ、いただかれていたからでありましょう。

それは語られている内容が、実は私たち個々の思いを超えて、より深く、不可思議の大地から湧き出してくる学びによっていたからに違いありません。

その学びをうながすものこそが二河白道の核心である「清浄願《しょうじょうがん》往生心《おうじょうしん》」であります。貪瞋《とんじん》煩悩のただ中にはたらき、どこまでも共に出遇い願いに生きんとする心を生み出しているものであります。

今回、二河白道の譬えについて書くようにいわれました。少々とまどいはしましたものの、書く決意をいたしましたのは、以上述べました幼少期の懐かしくもあり暖かくもある残影であります。
　どこに帰って生きていけばいいのか、探しあぐねてきた私にとって、それは今もなお心の故郷《ふるさと》として、私に呼びかけてくれているのです。その大地の呼びかけのありますことを幸せに思います。

二〇一九年十月　大江憲成

浄土《じょうど》からの道《みち》

— 二河白道《にがびゃくどう》の譬《たと》えに聞《き》く —

2020(令和2)年 2月1日　第1刷　発行

著　　者　大江　憲成
発 行 者　但馬　弘
発 行 所　東本願寺出版(真宗大谷派宗務所出版部)
〒600-8505
京都市下京区烏丸通七条上る
TEL:075-371-9189(販売)
075-371-5099(編集)
FAX:075-371-9211
印刷・製本　中村印刷株式会社
デザイン　森田 純子・菅原 康平
(森田デザインプロダクション)

ISBN 978-4-8341-0615-2　C0015

大《おお》江《え》憲《けん》成《じょう》

1944(昭和19)年、大分県中津市に生まれる。京都大学大学院博士課程単位取得退学。九州大谷短期大学名誉学長。真宗大谷派観定寺住職。著書に『人生を丁寧に生きる－念仏者のしるし－』、『暮らしのなかの仏教語』(東本願寺出版)がある。